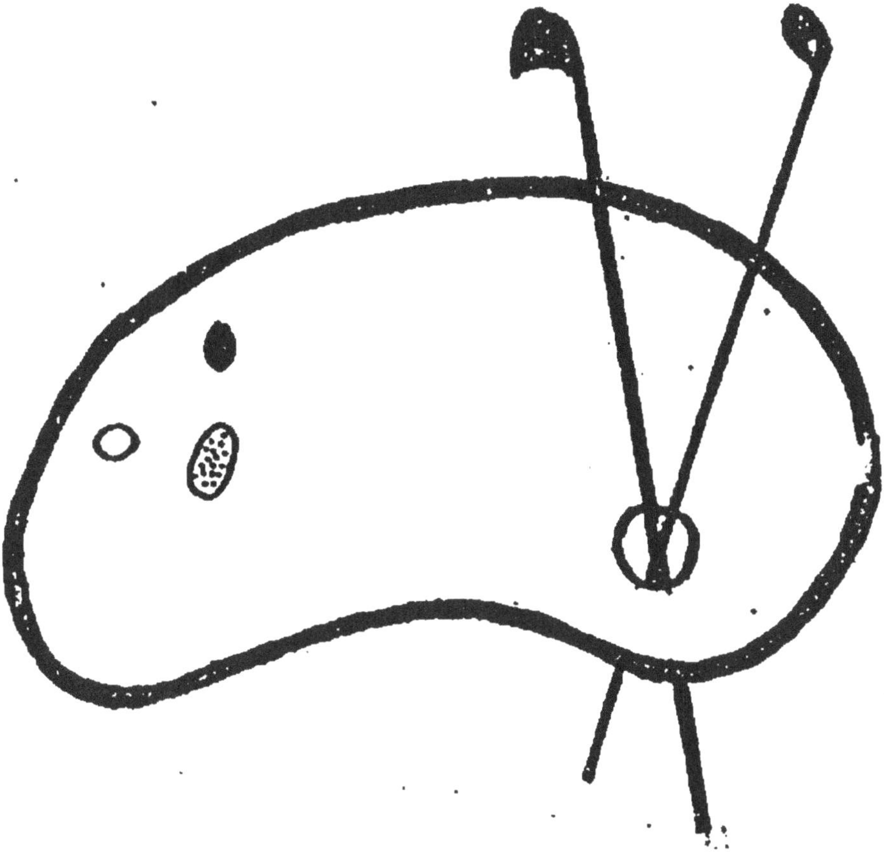

DEBUT D'UNE SERIE DE DOCUMENTS
EN COULEUR

L'AVENIR

de

CHAMBÉRY

1892

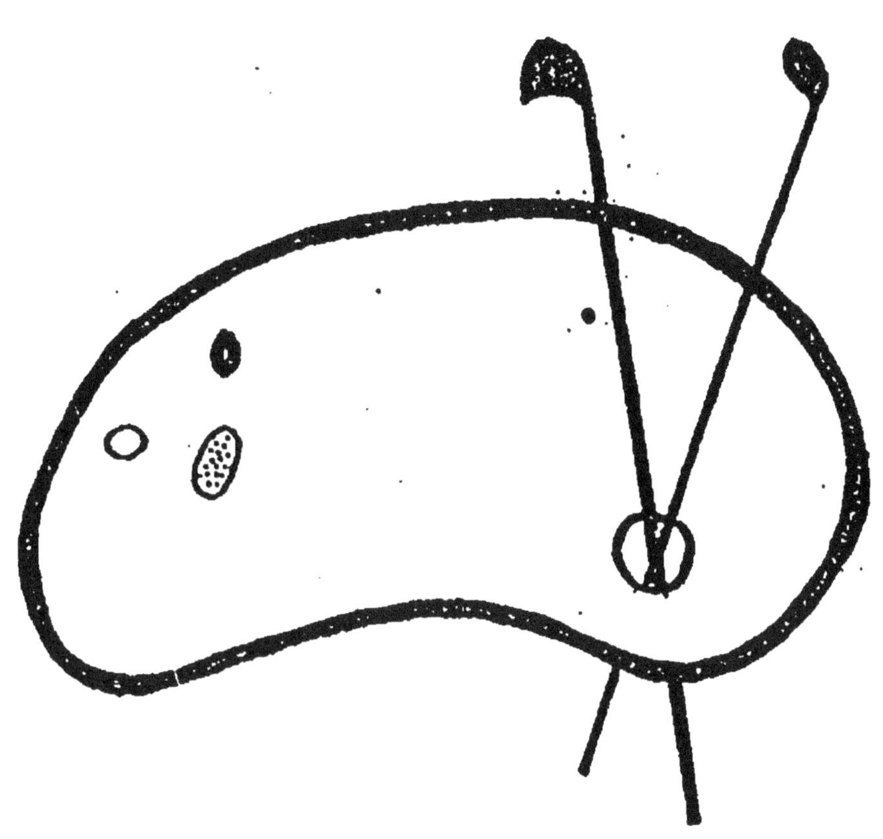

FIN D'UNE SERIE DE DOCUMENTS
EN COULEUR

L'AVENIR

de

CHAMBÉRY

1892

AUX ÉLECTEURS !

Cet opuscule est sans prétention. Il est le résultat de réflexions personnelles que je livre au public. J'ose compter sur l'indulgence de mes lecteurs, d'autant plus que je suis désintéressé et que tous mes efforts ne tendent qu'au bien public.

J'appelle d'abord l'attention sur la gestion du Conseil Municipal dont le mandat expire. Je suis loin de le condamner en bloc, mais il est certaines erreurs auquel il s'est prêté et que je serais coupable de ne pas signaler.

Je fais donc appel à toutes les bonnes volontés, à tous les dévouements, à toutes les intelligences. Planons au-dessus des mesquines querelles de partis, n'envisageons qu'un but, la prospérité et l'embellissement de notre ville.

Électeurs, vous savez tous que, lorsqu'un fermier abandonne un domaine qu'il a longtemps exploité, le propriétaire, à l'expiration du bail, avant de le renouveler ou de confier à d'autres la direction de ses affaires, examine la situation, calcule les améliorations, les pertes subies, et recherche les remèdes à appliquer. Telle est notre situation aujourd'hui : un pareil devoir nous incombe.

Vous allez étudier avec moi la gestion du Conseil Municipal, jeter un coup d'œil sur les actes accomplis, vous rendre compte de la situation financière, réparer les fautes commises, empêcher celles qui se préparent. Ai-je besoin de le rappeler ici ? lorsque mes concitoyens m'ont confié, sinon la direction, du moins la défense de leurs intérêts matériels et moraux, j'ai conscience d'avoir apporté dans cette mission tout le dévouement et le désintéressement dont j'étais capable.

Par votre vote du 1er mai, vous allez prouver quelles sont les qualités que vous exigez de vos édiles, le dévouement ou l'ambition.

Je n'aurais pas de peine à réfuter les reproches qui m'ont été jetés au sujet des idées que j'ai émises pour l'assainissement et l'embellissement de notre Cité. Dans ces projets, a-t-on dit, il y a du bon, mais aussi du décousu, et des choses actuellement irrréalisables : je l'avoue; je n'ai pas l'outrecuidante prétention d'imposer mes idées, et d'en poursuivre l'exécution.

J'aurais désiré qu'elles fussent sérieusement étudiées par des hommes compétents, et qu'après de mûres réflexions, ils eussent rejeté ou ajourné celles dont l'exécution ne paraissait pas urgente, et réalisé au contraire toutes celles que nos ressources financières auraient pu nous permettre.

Je le constate, mes idées ont eu un tort, c'est celui de s'adresser à des gens qui, de parti pris, les ont rejetées sans aucun examen; et mes projets ont trouvé le Conseil municipal agissant et obéissant servilement aux ordres d'un chef, peut-être dévoué, mais aveuglé sur les véritables intérêts de notre Cité.

Mes chers Concitoyens et Amis,

Dans la polémique engagée au sujet de l'avenir de Chambéry, je me suis souvent entendu reprocher le décousu de mes conseils, jetés çà et là, à droite ou à gauche, dans tel ou tel journal, sans distinctions de partis, tant il me semblait que mes propositions, au sujet de l'embellissement et de l'assainissement de notre vieille Cité, devaient intéresser, à un haut point, tous mes compatriotes, sans en excepter un seul.

J'ai donc essayé de résumer à peu près tout ce qui a été dit, dans un même petit format, aussi clairement et aussi simplement que je le comprends moi-même et je prierai à cet égard tous mes amis, ceux surtout par qui j'ai été spécialement encouragé, de me garder toute leur indulgence.

Avant d'entrer en matière, je veux, arrivant au terme de mon mandat, remercier mes concitoyens, qui, il y a quatre ans, ont bien voulu m'honorer de leurs suffrages. Ce mandat je l'ai accepté, malgré mes occupations, pour trois raisons principales :

1° Essayer, dans la mesure de mes forces, d'enrayer les erreurs de mes devanciers;

2° Préparer, dans la mesure du possible, des bases solides pour l'amélioration générale;

3° Donner une impulsion plus prépondérante dans les affaires de notre arrondissement.

Pour cela, je veux parler de ce qui a été fait, de ce qui se fait, et de ce qui peut se faire.

Tout ce qui a été dit à ce sujet, je le déclare, n'a été inspiré ni par antipathie, ni par parti pris, n'ayant aucune vengeance personnelle à satisfaire et n'appartenant à aucune coterie.

Comme tous mes concitoyens, j'applaudis à la réfection des égouts de la ville de Chambéry, l'état actuel nous mettant au moins à l'abri de certaines épidémies toujours regrettables, amenées par les miasmes se dégageant des fosses, qui seront conduites sous peu de temps vers les égouts collecteurs.

En dehors de ces travaux utiles, nous avons l'aménagement de divers bâtiments municipaux, de récente exécution, et je me plais à faire l'éloge de certains travaux vraiment dignes d'intérêt.

Mais en regard de ces améliorations que d'erreurs commises par imprévoyance ou intérêt personnel.

Musée-Bibliothèque

Je me range à l'avis des conseillers qui, à l'époque, ont combattu l'emplacement actuel et se sont opposés à la transformation de la Grenette en Musée.

A mon humble avis, un musée doit être placé sur un terrain isolé, entouré de jardins, avec jets d'eau, bosquets, etc., le tout en harmonie avec les curiosités et objets spéciaux, appelés à leur donner plus de relief et plus d'actualité.

La transformation d'un ancien monument, pour l'affecter à une destination autre que celle pour laquelle il a été créé, amène des modifications qui enlèvent à l'édifice son caractère et sa beauté et entraînent des dépenses plus considérables, sans

doter la ville d'un monument digne d'elle,
conçu et construit d'après un plan unique.

Je n'ai pas besoin de dire ici que mes critiques n'ont pas pour but d'amoindrir le talent de l'honorable architecte. Nous savons qu'il eut tiré le meilleur parti possible du monument, s'il n'avait pas dû subir l'influence et les volontés de ceux qui avaient imposé les travaux et devaient les diriger.

La Grenette

Aménagement sans valeur et sans profit, sauf pour le concierge. On essaya bien de détourner le conseil de cette idée, mais, quiconque la combattit, fût l'objet des critiques plus ou moins spirituelles de M. le Maire et de certains de ses collègues, qui ont la prétention d'avoir le monopole de l'esprit et du patriotisme.

Eau potable

Je n'ai pas à rechercher quelle était l'opinion de mes prédécesseurs sur ce projet. Je

n'hésite pas à me prononcer ouvertement :
Je combats ce projet avec toute l'énergie
dont je suis capable, et je ne puis admettre
que cette question ait été tranchée avec
autant de désinvolture par MM. les Conseillers. Les travaux entrepris par la ville ne
pouvaient être menés à bien. Elle eût dû
traiter avec un entrepreneur ou une compagnie, d'après les plans et devis d'ingénieurs
compétents qui auraient désigné les captations de sources ou d'eaux courantes recon-
nues potables, et fixé un laps de temps pour
la concession. Contrairement aux règlements administratifs, la ville a exécuté les
travaux. Les captations d'eaux vives ayant
été repoussées, faute d'argent, on nous sert
de l'eau du sous-sol avec machines et bâti-
ment à entretenir. Si, au contraire, on avait
traité avec une compagnie, telle que celle de
Durène, dont chacun a gardé le souvenir.
Chambéry aurait aujourd'hui l'eau et l'éclai-
rage à bon marché. Voilà donc des dépenses
inutiles, si on considère les résultats acquis.

Ecole Normale de garçons :

Monument d'un joli aspect et d'un effet

prévu. Malheureusement, les prévisions se
sont réalisées; il n'est plus permis de cares-
ser des espérances. Le nombre des élèves
n'augmente pas; et il est à craindre qu'il
reste longtemps stationnaire : Voilà donc
une construction immense où plusieurs
centaines d'élèves pourraient s'abriter, et
qui ne possède pas plus de 40 pensionnaires.

Je pourrais rappeler, en outre, d'autres
projets antérieurs malheureusement réali-
sés au détriment de l'embellissement de
notre ville et de là facilité des affaires. Je
veux parler de l'avenue de la Gare projetée
pour laquelle des terrains ont été achetés et
qui demeurent sans autre emploi que celui
d'être une vaste charbonnière.

Voilà, mes chers concitoyens, dans ses
grandes lignes, où en étaient les travaux de
notre ville, lorsque j'ai accepté le mandat
de conseiller, c'est-à-dire que tous ces travaux étaient, les uns terminés, les autres
en bonne voie d'exécution ou élaborés, avec
le parti pris de les faire aboutir. Je pensais
que le Conseil, s'inspirant du bien général,
reprendrait son indépendance; il n'en a
rien été, et un parti de mécontents s'est
formé dans la ville. Les fautes de notre
administration l'ont créé : Il grandit tous

les jours ; il s'agit de se multiplier par notre
vaillance, d'attirer à nous les énergies capa-
bles de réaliser les vœux de la population
tout entière.

J'ai demandé à M. le Maire et à mes collègues d'établir des bases solides et sérieu-
ses pour l'embellissement de notre chère
cité. Je désirais qu'un plan fût dressé, où
seraient prévus et indiqués les changements, les améliorations tant au point de
vue de son assainissement, qu'à celui de
son embellissement : voies à ouvrir, rues à
élargir, places à créer ; je le répète, je
n'exigeais pas la prompte exécution de tous
les travaux que je rêvais pour Chambéry :
je sais qu'il faut compter avec les ressources communales ; mais il était bon d'indi-
quer clairement, après avoir pris l'avis des
membres du Conseil et celui des habitants,
les changements que l'on se proposait de
faire, les constructions que l'on projetait,
l'emplacement choisi ; et ainsi nous aurions
vu chaque année notre ville s'embellir, une
seule pensée dirigeant les travaux ; car nos
successeurs auraient été les continuateurs
de l'œuvre commencée. Il m'a été répondu
que l'établissement de ce plan exigeait une
dépense de 25,000 fr., tandis que la ville ne

pouvait disposer que de 15,000 ; qu'il fallait attendre... etc... Belle réponse en effet : Il fallait laisser les habitants un peu plus longtemps encore dans la même ignorance !

Quand il s'agit de commettre une sottise, la solution est plus prompte ; exemple, la nouvelle rue transversale entre l'École normale de garçons et le lycée de jeunes filles tracée en zig zag, fidèle image de l'esprit tortueux de ceux qui l'ont conçue.

On devine aisément que l'absence d'un plan d'ensemble est pour le maire ou pour l'architecte d'une ville, une armé formidable entre ses mains, contre les contribuables : On pourrait donner plusieurs exemples. Un propriétaire veut-il faire une réparation quelconque, ouverture ou exhaussement qu'il juge utile ; et, dans ses intérêts, il en fait la demande à la ville suivant les règlements établis. — La demande est examinée ; et la signature est souvent un gage de succès : N'est-ce pas le cas de dire, selon que vous serez blanc ou noir ? La réponse à donner est toujours facile : Parfois il n'y en a pas ; et si la politesse oblige quelquefois ces messieurs, vous la connaissez.

« *Monsieur, votre demande est contraire aux règlements de voirie... etc... ou bien. une partie de votre maison est comprise dans une voie à ouvrir ou à élargir: le statu quo vous est imposé.* »

Quelque temps après, le scrutin nous offre une surprise ; le maire est remplacé : On cherche les règlements ; le plan dressé, on ne trouve rien ; la demande est renouvelée. et cette fois-ci acceptée.

C'est pour éviter ces abus, ces tracasseries dont l'illogisme le dispute à la bêtise, que je réclamais un plan de la ville bien étudié. bien compris. et une bonne fois pour toutes. arrêté. avec tous les changements indiqués pour l'avenir. toutes les innovations marquées. que chaque contribuable pourrait consulter. convaincu que la demande qu'il a introduite est réellement contraire aux règlements de voirie ou aux projets arrêtés.

Monument du Centenaire

J'ai parlé en son temps du projet concernant le monument du Centenaire: J'ai

combattu certaines idées sur le choix de la
matière à employer, sur la maquette qui
nous a été soumise. Je me suis surtout
insurgé contre l'emplacement adopté ; j'en
ai indiqué un autre qui me paraissait plus
en rapport avec le monument à ériger et lui
assurait un cadre plus gracieux.

Je veux parler du rond point servant de
jonction entre les deux boulevards dont
l'un déjà créé, partant des nouvelles écoles
et coupant le jardin public. L'autre, partant
de ce même rond-point, au milieu duquel
s'élèverait la statue entourée de fleurs et de
verdure, aboutirait au pont ou couverture
déjà projetée sur la Leysse et donnerait
accès aux abords de la gare.

Le monument placé au centre ce ces artè-
res serait d'un magnifique effet de perspec-
tive, attendu qu'il serait à découvert et qu'il
attirerait les regards des quatre côtés de la
ville. Les jours de fêtes, il dominerait de
toute sa hauteur une foule nombreuse et
nous donnerait ainsi l'illusion de la place
de la Concorde.

Ce quartier neuf, autant que possible
orné, embelli, et bientôt peuplé, serait la

propriété de tous et d'autant plus fréquenté qu'il aurait pour voisinage immédiat notre petit jardin public et l'attrait qu'il lui emprunterait.

Je maintiens donc encore mon affirmation à propos de cette place, jusqu'au moment où on m'en opposera une autre, suivant le vœu de la population *tout entière*, et non partielle. Quant à l'autocratie qui présida à cet arrangement, je ne veux autrement la rappeler que par ces mots : nous désirions tous, pour attacher son nom au chef-d'œuvre que nous avions rêvé, comme monument commémoratif, un homme de talent, savant, autorisé. Un tel mandat ne pouvait être dévolu au premier venu et M. Perrier, nous l'espérions, réunissait toutes les qualités pour fixer ce choix; son activité dépassa toutes nos espérances :

Maquette, emplacement, comité : tout fut imposé. M. le Maire, conseiller général et député, se contenta de faire savoir que tout était mené à bonne fin et allait pour le mieux dans le meilleur des mondes possibles.

Il pensa que telle serait l'opinion de ses administrés, et se montra fort surpris des

2

récriminations que quelques-uns osèrent se permettre.

« *J'ai aidé de mes idées ingénieuses l'éminent sculpteur* » *avait-il dit;* cela suffit, il *répondra au désiderata de tout le monde.*

Heureux Chambériens, vous seriez-vous doutés de posséder un tel représentant !!!

Ce qui peut se faire

J'ai aussi cherché à relever notre Cité, du marasme et de l'apathie dans laquelle elle est aujourd'hui tombée, faute d'initiative, faute d'industrie.

J'ai invité les hommes énergiques, entreprenants, à essayer d'utiliser diverses forces motrices, négligées, inconnues ou abandonnées. Je communiquai verbalement et par écrit mes idées à M. le Maire qui me flatta, m'encouragea chaleureusement et me donna sa parole qu'il examinerait lui-même et livrerait à l'étude, en faisant appel aux hommes de bonne volonté, le programme que je lui avais soumis, pour chercher avec tout le dévouement désirable les voies et moyens d'y donner une solution favorable. Mais la véritable réponse ne devait pas se faire attendre : je la recevais de son ami et porte-voix M. Mossière, qui ne m'épargna ni injures, ni menaces, et au moyen d'autres articles de journaux, dont quelques-uns, frappés d'anonymat, insérés dans certaines feuilles que je me fais un devoir de ne pas nommer.

Toutes ces inepties ne m'ont pas atteint. Je ne suis qu'un homme simple, un artisan, et mes talents doivent peser bien peu dans la balance des sciences humaines.

Néanmoins, je demande à être entendu, à être écouté, et non à être exécuté avec les armes du dédain.

Question du Cimetière

Le transfert du cimetière s'impose plus que jamais à Chambéry et devient une question de salubrité publique.

Nous aurions assurément beaucoup de

peine à faire comprendre à d'autres communes que cette question n'ait pas été voté à l'unanimité. Au contraire, son agrandissement sur place n'a été écarté qu'à une voix de majorité. J'ai le regret de rappeler ici que le rapport de M. le Président de la commission des travaux publics, si justement conçu et si bien préparé à ce sujet, ne fût même pas examiné et, au contraire, immédiatement abandonné.

Il ne m'appartient pas ici d'envisager les raisons pour lesquelles M. le Président a bien voulu s'incliner devant une décision aussi peu justifiée. Je ne doute pas qu'elles ne soient honorables. Mais certainement il eût été l'écho d'une population justement soucieuse de ses intérêts, en priant M. le Maire de vouloir bien soumettre ce plan à un comité choisi, capable d'en étudier les différents points. Après avoir fait un devis des dépenses prévues pour l'établissement du nouveau cimetière, M. le Président de la commission porte à notre connaissance les compensations appréciables que nous pouvons tirer de cet aménagement, sous tous les rapports, et dont le résultat matériel est de 132.000 francs au profit de la ville. Cette somme pourrait être

affectée à la construction du pont et à
des travaux divers se rattachant aux nouvelles voies d'accès de la gare et du marché
au bétail.

J'estime donc qu'il y a lieu de donner
suite à ce projet, d'autant plus que, ainsi
que l'a suffisamment prouvé l'honorable
président déjà nommé, la création d'un
cimetière nouveau ne peut pas être une
opération onéreuse pour la ville. Au contraire, cette opération doit lui procurer des
ressources inespérées, tout en complétant
les tracés des rues en cours d'exécution,
donnant ainsi un grand développement à la
ville.

Parmi les industries déjà signalées à
M. le Maire, il en est quelques-unes qui
mériteraient particulièrement d'être encou-
ragées, je veux parler de celles qui, à mon
avis, auraient quelques chances de réussir.
Ces fabriques, usines, installations de toutes sortes, projetées ou créées, pourraient,
sauf exception, être mises en activité par
force hydraulique. (Voir à ce sujet un article scientifique paru tout dernièrement,
Houille blanche), article dans lequel l'auteur
nous apprend : *que le siècle prochain va être*

témoin d'un déplacement industriel du côté du pays des montagnes qui pourra prendre le caractère d'un exode du travail. La houille blanche, c'est la neige et ses merveilleuses transformations.

Le signataire termine en portant à notre connaissance : « que le Conseil fédéral helvétique allait être saisi d'une loi protectrice de ces richesses nationales. »

Que nos communes françaises sachent se protéger elles-mêmes. Qu'elles se gardent d'aliéner pour un plat de lentilles leurs trésors de houille blanche.

Pour terminer ces considérations, je tire les conclusions suivantes :

J'estime qu'un Maire et son Conseil, ayant conscience des pouvoirs qu'ils détiennent, doivent agir avec d'autant plus de prudence que les deniers dont ils disposent sont uniquement la propriété de leurs administrés. En outre, les monuments ou édifices publics devant passer à la postérité, doivent, à mon sens, être signés du siècle qui les a vus naître.

Pour les Savoyards, affirme M. le Maire, il faut du solide, à base de granit, comme leurs montagnes. Avec mon gros bon sens, j'estime moi, qu'un Maire ne doit pas penser tout seul. Il doit se faire, au contraire, l'écho de la population, agir suivant ses besoins et donner satisfaction à tous ses *légitimes* désirs.

Dans le cas contraire, on voit des gens intelligents se désintéresser de leurs devoirs sociaux, pratiquer une lâche indifférence et laisser tomber aux mains des incapables ou ambitieux des fonctions qu'ils devraient tenir à honneur de remplir. Quant à moi, si on m'a fait une réputation d'*enfant terrible*, c'est que, au sein même du Conseil,

ayant acquis quelque expérience, j'ai osé
élever ma voix et m'indigner contre des
abus qu'il est encore temps de réprimer.
Mais il faut prendre garde, si l'on n'est pas
comme tout le monde, chacun s'étonne.
L'étonnement des autres, a dit un de nos
auteurs, c'est de la curiosité, et souvent la
curiosité a des audaces cruelles.

C'est ainsi que, pris à parti par un homme
que tous les Chambériens connaissent, j'ai
dû répondre et perdre un temps précieux.

Cet homme injuste possède une foi ro-
buste et naïve en ses propres lumières
et pas mal de pitié pour ceux qui ne pen-
sent pas comme lui.

A l'affût de tous les tours à jouer, il ne
respecte rien, suivant les circonstances,
de ce qui doit être sacré, et cependant res-
pectueux à son heure, mais pour la forme,

une forme savante, parfois impertinente et audacieuse, protégeant le fond, ainsi qu'une armure solide et brillante.

Citoyens, l'honneur d'être le représentant de notre vieille cité semble tenter bien des ambitions, malgré les déboires et les déceptions qui en sont bien souvent la conséquence.

Je suis tout disposé à faire place à d'autres, suivant le bon plaisir du suffrage universel, mais j'appelle votre attention sur ceux, qui, ayant été rejetés du Conseil, font de puissants efforts pour s'imposer à vous

Un de ceux là, *fidèle* Egérie du Maire, essaye de vous tromper par de doucereuses paroles et par de fallacieuses promesses.

Les apparences, ainsi sauvées, grâce à la correction de ses rapports avec les auto-

rités, semblent lui assurer de larges immu-
nités.

Mes chers concitoyens et amis, pas de
lâches faiblesses. Loin de nous les cupidités
imprudentes, les ambitions malsaines, les
injustices trop habiles.

Assez d'hommes honnêtes, probes, intelligents, sont auprès de vous.

J'en appelle à votre jugement, à votre
conscience d'honnêtes gens.

Jh BAZIN.

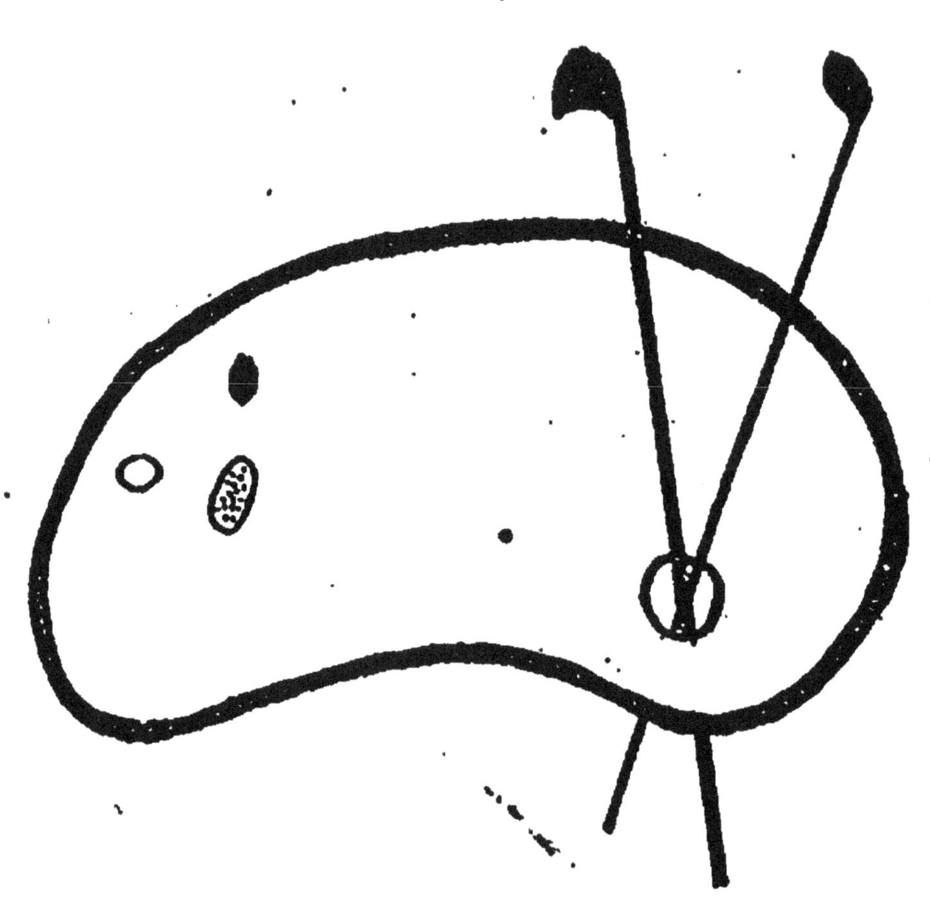